I0786821

NEHRU
Textos escogidos

Enrique Gallud Jardiel

NEHRU
Textos escogidos

ÍNDICE

JAWAHARLAL NEHRU, EL FORJADOR DE LA INDIA LIBRE

Jawaharlal [Jawâharlâla] Nehru fue el primer dirigente de la India independiente, cargo que desempeñó durante diecisiete años. Ejerció una profunda influencia en sus compatriotas con sus actos y sus escritos y logró que la India obtuviese una gran preponderancia a nivel internacional, como líder de los países menos favorecidos.

Jawaharlal nació en 1889 en la ciudad de Allahabad, en una familia de brahmanes originaria de Cachemira. Su padre, Motilal Nehru, fue una persona ya muy influyente en la política de su país. La infancia de Jawaharlal transcurrió en un ambiente anglófilo y en medio de una educación completamente occidental. Sus profesores le orientaron hacia el estudio de la literatura inglesa, las ciencias modernas y la teosofía, antes de que entrase en contacto con su propia cultura.

Llevó a término sus estudios superiores en Inglaterra, en Harrow y Cambridge, graduándose en Ciencias y en Derecho. Hasta el año 1912 no regresó a la India. Vivió entonces unos años de indolencia en la casa paterna, contrayendo matrimonio en

1916, año en el que también ingresó en el Partido del Congreso, foro independentista indio. Al poco comenzó a sentirse descontento con aquel tipo de vida y empezó a trabajar en proyectos sociales de ayuda a los campesinos. Tras la infausta matanza de Jallianwala Bagh en la ciudad de Amritsar (1919) —donde el ejército inglés masacró a un gran número de indios indefensos— Jawaharlal decidió dedicarse al movimiento de no cooperación con las autoridades británicas, que tenía como objetivo lejano pero definido la independencia del país.

Reconoció a Gandhi como maestro e inició su vida pública. En 1926 viajó a la Unión Soviética y estableció contacto con socialistas y comunistas. Entre 1920 y 1945 pasó once años en prisiones inglesas por participar en el movimiento independentista y encabezar campañas de desobediencia civil. Los ingleses le definieron como radical de izquierdas y le consideraron un elemento peligroso debido a sus escritos. Fue presidente del Partido del Congreso Indio en 1930, 1936 y 1937. Viajó en diversas ocasiones a Europa para participar en foros contra el colonialismo. Visitó España durante la Guerra Civil, declarándose acérrimo enemigo del fascismo y tomando partido por la España republicana. En 1942 Gandhi le designó oficialmente como su sucesor, decisión que determinaría su dirigencia de la India libre.

Cuando se obtuvo la independencia de la corona inglesa, Nehru fue elegido por unanimidad Primer Ministro.

La contribución política de Nehru al mundo actual ha sido muy grande. En la India anterior a la independencia dio una dimensión económica al nacionalismo, promoviendo la importancia sociopolítica de las clases obrera y campesina y evitando así que toda la iniciativa partiera de la burguesía o la beneficiara sólo a ella. Sus lecturas marxistas le habían convencido de que la independencia no era bastante para eliminar la pobreza de la India, sino que se necesitaba además una sólida planificación económica. Actuó como vínculo entre el socialismo científico de la izquierda y el liderazgo semirreligioso del Mahatma Gandhi.

Evitó una escisión del Partido del Congreso en 1930, que lo hubiera debilitado sobremanera, y fue quien insistió en vincular activamente a los musulmanes a la vida política, de la que había estado muy alejados, para evitar discriminaciones posteriores o que se pudiera identificar al nacionalismo indio con el hinduismo propiamente dicho.

Nehru situó al movimiento independentista indio en su verdadero contexto internacional, como parte de la lucha contra el imperialismo. Además, puede afirmarse que la solidez de las instituciones democráticas de la India moderna se deben a él, pues se preocupó especialmente de temas como la regularidad de las elecciones, la libertad de prensa y la independencia de los tribunales. Sentía vehementemente que la diversidad de la India podía beneficiarse de la democracia y del secularismo. Insistió en la separación de la religión y el Estado y se preocupó especialmente de los derechos de las minorías.

Sus primeros actos de mandato consistieron en fortalecer la igualdad de hombres y mujeres, así como la supresión de las desigualdades sociales del sistema de castas, mediante la Constitución y el Código Legal Hindú. También introdujo en la India moderna la planificación económica y la industria pesada, consiguiendo un crecimiento impresionante entre 1948 y 1965.

A nivel internacional fue quien concibió e impulsó el Movimiento de los Países No Alineados, dedicado a la causa de la paz y de la cooperación internacional, consiguiendo así que la India mantuviese una política exterior independiente durante la Guerra Fría sin tomar partido por ningún bloque. Sirvió en muchas ocasiones de mediador entre países en conflicto, respaldado por la postura neutral de la India y por su propio prestigio personal.

Jawaharlal Nehru murió en 1964.

Aparte de su enorme contribución política a su país, Nehru es un intelectual de gran categoría y una de las mentes más lúcidas de su tiempo. Sus contemporáneos le concedieron el título honorífico de *pândit*, equivalente a «ilustrado».

Se hallaba convencido de que la India podía y debía asimilar un número de aspectos de la civilización occidental, sin romper por ello con su cultura tradicional. Fue un apóstol del progreso, al tiempo que un reivindicador de los valores indios.

Nehru fue un hombre polifacético y, sobre todo, un humanista. Plasmó sus experiencias e ideas en una interesante serie de libros: *Towards Freedom* [Hacia la libertad], *Glimpses of World History* [Imágenes de la historia mundial] y, el más destacado, *Discovery of India* [Descubrimiento de la India].

Este último trabajo —redactado en prisión en 1944— constituye una historia completa de los logros culturales de la civilización india a través de la mirada de un hombre moderno. Nehru analiza el pasado de su pueblo y extrae lecciones útiles para que la India se modernice basándose en su propio *ethos* y en las lecciones que ya tiene aprendidas. El libro es extremadamente útil también como obra de referencia y, en su momento, sirvió para dar a conocer en el mundo el punto de vista de los indios sobre problemas eternos y de su tiempo. El propio Einstein alabó repetidamente esta obra por su claridad y precisión. Independientemente de toda su otra actividad, por esta sola obra Nehru hubiera pasado merecidamente a la posteridad.

EL CARÁCTER DE MI PAÍS

Durante estos años llenos de ideas y de actividad mi mente ha estado llena de la India, tratando de comprenderla y de analizar mis propias reacciones hacia ella. He rememorado los días de mi niñez y he tratado de recordar lo que sentía entonces, qué vaga forma tomó ese concepto en mi mente en desarrollo y cómo lo moldearon sus primeras experiencias. Algunas veces retrocedía hasta el fondo de la consciencia, pero siempre seguía ahí, cambiando lentamente, como una extraña mezcla derivada de la historia y la leyenda antiguas y de los hechos modernos. Producía en mí una sensación de orgullo, así como otra de vergüenza, porque me avergonzaba de mucho de lo que veía a mi alrededor: de las prácticas supersticiosas de ideas anticuadas y, sobre todo, de nuestro estado de esclavitud y de indigencia.

A medida que fui creciendo y comencé a dedicarme a actividades que prometían conducir a la libertad de mi país, empezó a obsesionarme el pensamiento de la India. ¿Qué era esa India que me poseía y me atraía continuamente, empujándome a una acción que había de permitirnos realizar un deseo vago, pero hondamente sentido, de nuestros corazones? El impulso inicial vino a mí, supongo, a través del orgullo —tanto individual como nacional— y del deseo común a todos los hombres de resistir a la dominación ajena y tener libertad para vivir la vida de su elección. Me parecía monstruoso que un gran país como la India, con un pasado rico e inmortal, estuviese atado de pies y manos a una isla lejana que le imponía su voluntad. Era todavía más monstruoso que esta unión forzada hubiese dado lugar a una pobreza y una degradación inconmensurables. Ésta era razón suficiente para que yo y otros entrásemos en acción.

Pero no era suficiente para resolver los interrogantes que surgían dentro de mí. ¿Qué es esta India, aparte de sus aspectos físico y geográfico? ¿Qué representó en el pasado? ¿Qué era lo que le daba su fuerza entonces? ¿Cómo perdió esa antigua fuerza? Y ¿la ha perdido por completo o no? ¿Representa ahora esa fuerza vital, aparte de ser el hogar de un gran número de seres humanos? ¿En qué forma se inserta en el mundo moderno?

Este último aspecto internacional y más amplio del problema me fue preocupando más a medida que me iba dando cuenta de que el aislamiento era a la vez indeseable e imposible. El futuro que fue tomando forma en mi mente era un futuro de última cooperación política, económica y cultural entre la India y los demás países del mundo. Pero antes de que llegase el futuro, había un presente y tras él se extendía el largo pasado que yo estaba tratando de comprender.

La India estaba en mi sangre y había en ella muchas cosas que me hacían estremecer instintivamente. Y, sin embargo, me aproximaba a ella casi como un crítico ajeno, lleno de disgusto hacia el presente. Y también hacia muchas de las reliquias del pasado que veía. En cierta medida yo llegué a la India por la vía del Occidente y la contemplaba como podría haberlo hecho un occidental simpatizante. Estaba deseoso y ansioso de cambiar sus puntos de vista y su apariencia y de prestarle el garbo del modernismo. Y, no obstante, surgían dudas en mí. ¿Conocía yo la India, yo, que me proponía eliminar gran parte de su pasado? Había mucho que debía ser eliminado, que tenía que ser eliminado; pero con seguridad la India no hubiera podido ser nunca lo que indudablemente fue y no hubiera podido mantener una existencia civilizada durante miles de años si no hubiese poseído algo muy vital y resistente, algo que valía la pena conservar. ¿Qué era ese algo?

Desde un montículo de Mohenjo-daro, en el valle del Indo, al noroeste de la India, contemplé extendidas a mi alrededor las casas y las calles de esta antigua ciudad que se dice que existió hace cinco mil años y que poseía ya entonces una civilización antigua y muy desarrollada. «La civilización del Indo —escribe el Profesor Childe— representaba un perfecto ajuste de la vida humana a un entorno específico, que sólo pudo haber resultado de largos años de paciente esfuerzo. Y ha permanecido y es específicamente india y forma la base de la cultura

India moderna.» Asombra este pensamiento de que una cultura o civilización pueda tener semejante continuidad a lo largo de cinco o seis mil años o más; y no en un sentido extático e invariable, pues la India estaba cambiando y progresando todo el tiempo. Tuvo contacto íntimo con los persas, los egipcios, los griegos, los chinos, los árabes, los pueblos del Asia Central y los del Mediterráneo. Pero aunque les influyó y fue influida por ellos, su base cultural fue lo suficientemente sólida para soportarlo. ¿Cuál era el secreto de esta fuerza? ¿De dónde le había venido?

Leí su historia y leí también parte de su abundante literatura antigua y quedé profundamente impresionado por el vigor del pensamiento, la claridad del lenguaje y la riqueza de la mente que la había producido. Recorrí la India a través de las obras de importantes viajeros de China y del Asia Central, que vinieron aquí en tiempos remotos y dejaron relatos de sus viajes. Pensé en lo que la India había llevado a cabo en Asia Oriental, en Angkor, Borobudur y muchos otros lugares. Vagabundeé por los Himalaya, que están unidos íntimamente a antiguos mitos y leyendas y que han influido tanto en nuestro pensamiento y en nuestra literatura. Mi amor por las montañas y mi origen cachemiri en especial me atrajo hacia ellas; y vi allí no sólo la vida, el vigor y la belleza presentes, sino también el encanto revivido de pasadas épocas. Los caudalosos ríos que fluyen desde esta gran barrera de montañas hacia las llanuras de la India me atraían y me recordaban innumerables fases de nuestra historia.

Visité viejos monumentos y ruinas, viendo antiguas esculturas y frescos —Ajanta y Ellora, las cuevas de Elefanta y otros sitios— y vi también los encantadores edificios posteriores de Agra y Delhi, de los que cada piedra recuerda una historia del pasado de la India. En mi propia ciudad o en Haridvar asistí a los grandes festivales, a la Kumbha Mela y vi venir a cientos de miles de personas, como sus predecesores habían venido durante miles de años desde todos los puntos de la India a bañarse en el Ganges. Recordé descripciones de estos festivales, escritas mil trescientos años atrás por viajeros chinos y otros peregrinos; e incluso en su época esas ferias eran ya viejas y su origen se perdía en la más remota antigüedad. ¿En qué consistía esa tremenda fe —me preguntaba maravillado— que había atraído a nuestro pueblo por incontables generaciones a este famoso río de la India?

Estos viajes y visitas míos, unidos a mis lecturas, me proporcionaron una visión del pasado. A una comprensión intelectual algo simplista, se unía ahora una apreciación emotiva. Y gradualmente comenzó a introducirse en mi cuadro imaginado de la India un sentimiento de realidad, y la tierra de mis antepasados se pobló de seres vivientes que reían y lloraban, amaban y sufrían; entre ellos había hombres que parecían conocer la vida y comprenderla y que, por medio de su sabiduría, supieron crear una estructura que dotó a la India de una estabilidad cultural que perduró durante millares de años. Mi mente se llenó con cientos de vívidos cuadros de este pasado y éstos surgían ante mis ojos cuando visitaba algún sitio asociado a cada uno de ellos. En Sarnath, cerca de Benarés, casi parecía ver al Buddha en su primer sermón y algunas de sus palabras me llegaban como un eco a través de dos mil quinientos años de distancia. Los pilares de piedra de Ashoka, con sus inscripciones, me hablaban en su magnífico lenguaje y me hacían saber de un hombre que, aun no siendo emperador, fue más grande que los reyes y los emperadores. En Fatehpur Sikri, Akbar, olvidado de su imperio, estaba sentado de conversación, en coloquio con los eruditos de todas las doctrinas, curioso de aprender algo nuevo y buscando respuestas para el eterno problema del hombre.

Así, lentamente, se desenvolvía ante mí el largo panorama de la historia de la India, con sus altos y bajos, sus triunfos y sus derrotas. Parecía existir algún factor único en esta continuidad de una tradición cultural a través de cinco mil años de historia, de invasiones y de convulsiones, tradición que se hallaba extendida entre las masas y las influía poderosamente. Sólo China había tenido semejante continuidad de tradición y vida cultural. Y este panorama del pasado se fue hundiendo gradualmente en el desgraciado presente, en el que la India, con toda su grandeza y estabilidad pasadas, era un país esclavo, un apéndice de Inglaterra, y en todo el mundo una guerra terrible y devastadora estaba diezmando y embruteciendo a la humanidad. Pero aquella visión de cinco mil años de historia me dio una nueva perspectiva y el fardo del presente pareció aligerarse. Los ciento ochenta años de dominio británico no eran sino uno de los desgraciados intermedios de la larga vida de la India; pronto volvería a ser ella misma; la última página de este capítulo se estaba escribiendo ya. El mundo sobrevivirá también al horror actual y construirá para sí mismo nuevos cimientos en los que apoyarse.

LA INDIA DE HOY
Y DEL MAÑANA

La empresa de comprender y describir la India de hoy sería tarea para un hombre valeroso; decir algo sobre la India del mañana bordearía ya la temeridad. En verdad, en ningún momento de la historia ha sido más difícil predecir el futuro de cualquier país o del mundo. Los acontecimientos se producen con una velocidad increíble y los cambios suceden a los aspectos exteriores de la política encubren bajo su superficie innumerables corrientes que a veces irrumpen hacia fuera, trastocando la configuración de las cosas.

La India de hoy es el fruto no sólo del pasado inmediato, sino también de los millares de años de la larga historia de país. Capa tras capa de pensamiento, experiencia y acción nos han condicionado y han hecho de nosotros lo que somos hoy. Las gentes de mi generación, en la India, fueron especialmente moldeadas y condicionadas por una serie de acontecimientos que no es probable que vuelvan a producirse. No sólo entramos en contacto con un gran hombre y poderoso dirigente que nos sacudió de arriba a abajo, alteró nuestras vidas y nos arrastró lejos de la rutina normal de la vida, sino que también fuimos testigos y participantes de sucesos de importancia histórica. Experimentamos repetidamente momentos de alta tensión y exaltación emocionales, y también la reacción a ellos en un sentimiento ocasional de frustración, gemelo de la desesperación. Sin embargo, esto no es totalmente exacto, ya que escapamos a esa sensación de colapso mental y físico que sigue usualmente a un alto grado de tensión nerviosa. Siempre había algo en lo que apoyarse, un jefe que era como una roca y un faro y un movimiento que nos electrizaba, sacando fuera lo mejor de nosotros. Esos momentos a menudo no eran placenteros y algunas veces eran, incluso, penosos, pero siempre había un sentimiento de satisfacción y la convicción de que estábamos dedicados a una gran empresa y que caminábamos sobre las huellas de la historia. Pensamiento y acción iban unidos produciendo una sensación de vida completa. Lo que nos salvaba, más que ninguna otra cosa, era la creencia de que estábamos actuando incluso en los asuntos políticos en un plano ético y con altos ideales. No nos consumía el odio como lo suele hacer en los conflictos y más especialmente en las contiendas nacionalistas.

Gandhiji estaba siempre ante nosotros y en nuestra mente. Pero había otros también, gigantes entre los hombres, y existía la camaradería de innumerables hombres y mujeres cuya estatura había crecido, porque se hallaban aliados a grandes causas y a un gran jefe. Entre estos gigantes de antaño, joven en la edad, pero contemplado siempre como un veterano y viejo en sabiduría, estaba Maulana

Azad. Él ocupaba un sitio especial en nuestro movimiento y representaba para nosotros, más que ningún otro, esa síntesis de culturas por la que la India ha luchado siempre. Él nos ayudó a salir de la rutina de un nacionalismo estrecho y agrandó nuestra visión. Era extraño que tantas gentes que diferían grandemente entre sí hallasen un poderoso lazo común y trabajasen juntos durante el curso de toda una generación.

¿Qué es la India? Esta es una pregunta que me ha venido a la mente una y otra vez y en mi propio estilo de aficionado he buscado una respuesta a ella en su pasado y en el presente. Los orígenes de nuestra historia me llenaron de asombro. Eran el pasado de una raza viril y vigorosa, con un espíritu inquisitivo, un deseo apremiante de investigación libre y que, hasta en el período más remoto conocido presentaba evidencias de una civilización madura y tolerante. Aceptando la vida con sus alegrías y sus cargas estaba siempre buscando lo esencial y lo universal. Construyó un magnífico lenguaje, el sánscrito, y a través de este lenguaje, de su arte y de su arquitectura, envió un vibrante mensaje a lejanos países. Produjo las *Upanishud*, la *Cita* y al Buddha.

Difícilmente otro lenguaje en el mundo habrá jugado un papel tan importante en la historia de una raza como lo hizo el sánscrito. No era sólo el vehículo del más elevado pensamiento, y de parte de la mejor literatura, sino que se convirtió en el lazo de unión para la India a pesar de que existían diversas políticas. El *Ramayana* y el *Mahabharata* se entretejieron con las vidas de millones de seres en cada generación durante miles de años. Con frecuencia me pregunto: si nuestra raza olvidase al Buddha, a las *Upanishads* y los grandes poemas épicos, ¿qué ocurriría? Quedaría desarraigada y perdería las características básicas que le son inherentes y que la han distinguido durante esas largas edades. La India dejaría de ser la India.

Gradualmente, comenzó la degeneración, el pensamiento perdió su frescura y quedó estacionario, la vitalidad y exuberancia de la juventud abrieron paso a la edad senil. En lugar del espíritu de aventura se establecieron inanimadas rutinas y la amplia y excitante concepción del mundo quedó encajonada, confinada y perdida en divisiones de casta; mezquinas costumbres sociales y ceremonial. Aun así la India era lo bastante vital para absorber el flujo de las gentes que se volcaban en su poderoso océano de humanidad y nunca olvidó por completo los pensamientos que la habían inspirado en los días de vigor juvenil.

Subsecuentemente, la India fue poderosamente influenciada por la llegada del islam y las invasiones musulmanas. Les siguieron las potencias coloniales occidentales, trayendo un nuevo tipo de dominación, un nuevo colonialismo y al mismo tiempo el impacto de las ideas novedosas y de la civilización industrial que se estaba desarrollando en Europa. Este período culminó tras una larga lucha, en la independencia y ahora nos enfrentamos con el futuro, con todo este peso del pasado sobre nosotros y los confusos sueños e inspiraciones para el futuro que tratamos de edificar. Tenemos todas esas épocas representadas en nosotros y en nuestro país hoy en día. El poder organizado y la energía son los símbolos de la edad moderna. Tenemos el desarrollo de la ciencia nuclear en la India; y también tenemos la edad del estiércol vacuno. Así, cada siglo está representado en este país y, por añadidura, hay en él una enorme variedad. Detrás de esta variedad está la unidad que ha mantenido a nuestro pueblo unido a través de las edades, a pesar de las desgracias y desastres. Estamos zambulléndonos en el mundo de la ciencia y la tecnología y tratando de organizar nuestros conocimientos de forma que dominen más las fuerzas de la naturaleza. Y nos encontramos retenidos no sólo por nuestra pobreza y subdesarrollo, sino también por algunas ideas y costumbres heredadas. No hay futuro para nosotros sin ciencia y tecnología. Y, al mismo tiempo, ese futuro será hueco y vacío y carente de todo significado real si ignoramos y olvidamos nuestro pasado.

Así, en el tumulto y confusión de nuestro tiempo, nos hallamos frente a ambos caminos, el que se adelanta hacia el futuro y el que retrocede ante el pasado, siendo empujados en ambas direcciones. ¿Cómo podemos resolver este conflicto y desarrollar unas estructuras de vida que llenen nuestras necesidades materiales y al mismo tiempo sostengan nuestra mente y nuestro espíritu? ¿Qué ideales nuevos o viejos ideales, variados y adaptados al nuevo mundo podemos poner ante nuestro pueblo y cómo podremos galvanizarle y despertarle a la acción?

En la India tenemos problemas particulares nuestros. Pero también compartimos los problemas mayores de un mundo que, con todo su tremendo adelanto, parece estar perdiendo la fe en sí mismo. Por el momento, en la India estamos lógicamente enfrascados en los objetivos del progreso económico, planes quinquenales y un tremendo esfuerzo por elevar el nivel medio de vida de nuestro pueblo. Todo eso es esencial y un requisito previo para cualquier otro tipo de avance. Pero una duda se desliza en nuestra mente. ¿Esto bastante por sí mismo o hay algo más que deba añadírsele? El Estado del Bienestar es un ideal meritorio, pero puede ser muy bien bastante monótono; y los ejemplos de los estados que han alcanzado ese objetivo ofrecen nuevos problemas y dificultades que no se resuelven por medio del progreso material o de una civilización mecanizada solamente. La religión ha jugado un importante papel en la labor de cubrir algunas de las esenciales necesidades de la naturaleza humana. Pero ese tipo de religión ha visto debilitada su influencia al ser incapaz de resistir la furiosa embestida de la ciencia y del racionalismo. Sea o no necesaria la religión, cierta fe en un ideal meritorio es precisa para dar substancia a nuestra vidas y mantenernos unidos. Hemos de tener un sentimiento de propósito que trascienda las exigencias materiales y físicas de nuestra vida diaria.

El socialismo y el comunismo intentan dar este sentimiento de propósito, pero han tendido a desarrollar dogmas propios. Los comunistas se han convertido en los metafísicos de la época actual.

Cada sociedad trata de encontrar un equilibrio. Algunas veces esto ocurre a través de conflictos, otras veces por un intento deliberado o inconsciente de lograr la armonía. Una sociedad primitiva que no cambia mucho, vive en la rutina y así posee equilibrio a un nivel bajo. Una sociedad dinámica produce tensiones en el individuo, lo mismo que en la comunidad. Si esto es cierto, entonces, las tensiones presentes en el mundo revelan un tremendo dinamismo, una lucha por hallar un nuevo equilibrio y una nueva dimensión para la existencia humana. Esto debería alentarnos, si no existiese un temor permanente de que las armas de la era nuclear acaben aniquilando a la humanidad.

Debemos mirar hacia el futuro y trabajar para él dedicadamente y con fe y vigor; y al mismo tiempo, debemos conservar nuestra herencia del pasado y obtener apoyo de ella. El cambio es esencial, pero también es necesaria la continuidad. El futuro ha de ser edificado sobre los cimientos colocados en el pasado y en el presente. Negar el pasado y romper con él completamente es desenraizarnos a nosotros mismos y secarnos, faltos de savia. La virtud de Gandhiji fue el conservar sus pies firmemente plantados en las ricas tradiciones de nuestra raza y de nuestro suelo y, al mismo tiempo, actuar en el plano revolucionario. Muchos le criticaron por lo que llamaban aceptación de teorías económicas anticuadas o por su apoyo a alguna clase de tradicionalismo, o incluso de animar a fuerzas reaccionarías; y, sin embargo, todo el que examina el campo amplio de influencia de sus actividades, queda estupefacto ante sus revolucionarias consecuencias. Las contemplemos desde el punto de vista político o el social, nos cuesta trabajo reconocer esto, porque hemos sido educados en la tradición occidental del conflicto. Él sabía que una verdadera revolución viene del pueblo y no de arriba y que la revolución ha de ser, esencialmente, social. Muchos eminentes reformadores sociales han existido antes que él, y lograron llevar a efecto cambios menores o crear una nueva secta; pero Gandhiji, —dicho en los términos *ram rajya*— llevó la revolución a millones de hogares sin que la gente se diese cuenta por entero de lo que estaba pasando. Raras veces condenaba las castas en su conjunto (aunque en sus últimos días lo hizo en cierta medida); pero su insistencia en la rehabilitación de las clases oprimidas y de los intocables minó el sistema de castas entero y lo hizo así deliberadamente, sabiendo las consecuencias. Con esta técnica de acción política dio vitalidad a centenares de millares de seres, arrancó el miedo de su interior y les infundió autorrespeto y confianza en sí mismos. Con su insistencia en ocuparse de los no-privilegiados y de los indigentes nos forzó a todos nosotros a pensar en términos de justicia social. Hizo todo esto con calma y desapasionadamente, evitando en gran medida el sentimiento de conflicto. Por encima de todo, hizo hincapié en el empleo de la verdad y de los medios pacíficos. En efecto, la verdad se hizo una condición de la vida para él y su acción dinámica estaba siempre aliada con la verdad. Al hacerlo así, hizo revivir en nuestro pueblo el recuerdo de los principios básicos que habían enriquecido a nuestra raza en el pasado. Así edificó sobre antiguos cimientos y, al mismo tiempo, orientó la estructura hacia el futuro. El hecho de que algunos de sus enfoques económicos o de otro tipo no encajaran con las ideas, modernas o tuvieran una importancia sólo temporal, no le inquietaba. Estaba siempre preparado a adaptarse a las condiciones cambiantes, siempre que tuviesen un fundamento sólido.

Siempre me ha parecido notable el modo en que podía ligar el pasado con el presente y hasta con el futuro. Y porque era capaz de hacerlo así, pudo hacer avanzar a su pueblo paso a paso, sin un fallo, y también evitar el conflicto en considerable medida. La lección más vital que nos ensenó y nos hizo rememorar, fue la importancia de los medios. Los fines no son nunca suficientes por sí mismos, pues están conformados por los medios que a ellos conducen. Si hay alguna verdad básica en este principio y en este método de trabajo, entonces nosotros también hemos edificado sobre los cimientos que él colocó. Esto no representa el seguimiento ciego de todo lo que dijo o hizo él, que pudo ser apropiado en una etapa de nuestra existencia y no lo es ya hoy en día. Nosotros también tenemos que adaptarnos a las circunstancias, pero los principios básicos deben continuar siendo nuestra guía.

Cuando el islam llegó a la India en la forma de una conquista política, trajo el conflicto. Tuvo un efecto doble. Por un lado, excitó la tendencia de la sociedad hindú a esconderse más aún en su concha; por otro, introdujo una ráfaga de aire fresco e ideas nuevas y tuvo así cierta influencia rejuvenecedora. La sociedad hindú se había vuelto un sistema cerrado, a diferencia del budismo, otro gran producto del pensamiento indio. Los musulmanes que venían de fuera trajeron consigo su propio sistema cerrado. De este modo dos sistemas cerrados se encontraron, sin que ninguno de ellos fuera lo bastante fuerte para arrancar o someter al otro. El triunfo político no llevó a la conquista intelectual, política o religiosa. La tradición y la fe antiguas de la India eran aún suficientemente fuertes y firmes para resistir a la nueva influencia. Los musulmanes venían con un poderoso mensaje propio y no podían ser absorbidos fácilmente como lo habían sido otros venidos anteriormente. Ni tampoco pudieron cambiar el carácter esencial del pueblo indio. De ahí que el gran problema con el que se enfrentó la India durante el período medioeval fue el de cómo podían estos dos sistemas cerrados, cada uno con sólidas raíces propias, establecer una relación saludable. Algunos sabios gobernantes, como Akbar y otros, se dieron cuenta de que la única esperanza para el futuro yacía en que se pudiera establecer alguna clase de armonía.

La filosofía y la concepción del mundo de los hindúes antiguos era pasmosamente tolerante; y, no obstante, se habían dividido a sí mismos formando numerosos grupos de castas y jerarquías separadas. Los musulmanes tenían que afrontar un problema nuevo: cómo vivir con otros como iguales. En los países a los que habían ido su triunfo había sido tan grande que este problema no había realmente llegado a plantearse. Entraron en conflicto con la cristiandad y, a lo largo de cientos de años, el problema nunca llegó a ser resuelto. En la India se produjo lentamente una síntesis. Pero antes de que esto pudiera completarse, entraron en juego otras influencias. Las naciones occidentales, que estaban en la etapa del desarrollo industrial y haciéndose fuertes, tenían el sentimiento de su superioridad básica sobre los demás y vivían aparte, mirando de arriba abajo a aquellos a quienes gobernaban. Había un abismo mucho mayor entre ellas y los indios del que había habido nunca entre hindúes y musulmanes.

Por primera vez, la India quedó sujeta a la dominación colonial y al gobierno de un país distante y lejano. Anteriormente, los invasores y conquistadores que habían venido a la India, habían hecho de ella su hogar, y no miraban hacia ningún otro sitio, esencialmente se convertían en indios. Ahora tenía lugar un nuevo tipo de invasión, que no podía echar raíces en la India. Existía una barrera impenetrable entre se gente y la gente del país, fueran hindúes, India. Existía una barrera impenetrable entre esa gente y la gente del país, fueran hindúes, musulmanes, u otros.

A pesar de ello, el nuevo pensamiento liberal de Occidente y los procesos industriales comenzaron a influir en la mente y en la vida indias. Se desarrolló un nuevo nacionalismo, que iba —inevitablemente— contra el colonialismo y buscaba la independencia, y que, no obstante, iba siendo paulatinamente afectado por la nueva civilización industrial, así como por el idioma, la literatura y los procedimientos de occidente. Su influencia estaba limitada en gran medida a una capa alta de la sociedad, mientras las masas se hundían en una mayor pobreza.

Ram Mohán Roy estuvo buscando alguna clase de síntesis entre la vieja India y las tendencias modernas. Vivekananda recuperó algo de vigor del antiguo pensamiento indio y lo revistió con gracias modernas. Hubo movimientos políticos y culturales que crecieron y culminaron con Gandhi y Rabindranath Tagore.

En Europa había habido un fiero conflicto entre la ciencia y la religión tradicional y la cosmología cristiana no encajaba con las teorías científicas. La ciencia no causó en la India ese sentimiento de conflicto y la filosofía india podía aceptarla fácilmente sin producir ningún daño vital a sus concepciones básicas. Pero la estructura social de la India se volvió más y más incompatible con las tendencias modernas.

En la India, como en todos los demás sitios, se desarrollaron un nacionalismo creciente y un deseo urgente de justicia social. El socialismo y el marxismo se convirtieron en los símbolos de este deseo de justicia social y, aparte de su contexto científico, tuvieron un influjo emocional tremendo sobre las masas. Marx fue movido, en principio, por las espantosas condiciones que prevalecían en los primeros tiempos de la industrialización en Europa Occidental. En esa época no había una auténtica estructura democrática del estado y difícilmente se hubieran podido llevar a cabo cambios de forma constitucional. De ahí, que la violencia revolucionaria ofreciese el único camino para realizarlos. El marxismo, por lo tanto, se planteaba inevitablemente en términos de revolución violenta. Esto entraba también en la tradición europea. Desde entonces, sin embargo, la democracia política se ha extendido, trayendo consigo la posibilidad de un cambio pacífico. Ha habido también un tremendo avance científico y tecnológico, que ha puesto la prosperidad material al alcance de todos. El propio capitalismo ha sufrido en la actualidad muchos cambios (aunque conserva sus características básicas) Y se inclina hacia los monopolios y el colectivismo económico. La estructura democrática del Estado, el trabajo organizado y, por encima de todo, el deseo de justicia social, lo mismo que el progreso científico y tecnológico, han producido esta transformación. Vemos hoy países capitalistas que han conseguido un nivel de vida muy alto para su población.

Vemos también un tremendo avance en el bienestar material y en el progreso científico y tecnológico en la Unión Soviética, alcanzados en un período de tiempo/relativamente corto. Decir que esto ha sido llevado a cabo principalmente por la violencia no es correcto. Ha habido también bastante violencia en otros sistemas. Pero es cierto, creo, que, a causa de la circunstancias, ha habido una buena cantidad de violencia y de "purgas" asociadas al desarrollo de la Unión Soviética. La condena más dura de esta violencia ha provenido de los propios dirigentes grandes de la Unión Soviética.

Los asuntos internacionales están dominados hoy por el conflicto entre las potencias occidentales y las potencias comunistas; más particularmente por la rivalidad entre los Estados Unidos de América y la Unión Soviética. Y sin embargo, a despecho de las manifiestas diferencias hay una pasmosa semejanza entre estas dos grandes potencias. Ambas han desarrollado un alto grado de civilización industrial y mecánica; creen en el poder siempre creciente de la máquina y en su capacidad para resolver los problemas humanos. Ambos pueblos son amigables y hospitalarios y amantes de la paz. La diferencia real hoy en día se halla entre los países desarrollados y los que están todavía subdesarrollados. Estos últimos han acabado por darse cuenta de que sólo mediante el desarrollo científico e industrial pueden realizar algún progreso o librarse de las tremendas desventajas materiales de que adolecen. Por este fin luchan, con mayor o menor éxito, pues la tarea es muy dura. En Europa, a la verdadera revolución política había precedido una revolución económica y, por eso, cuando llegó aquélla habían ya algunos recursos creados por los cambios económicos. En Asia, la revolución política llegó primero, seguida inmediatamente por demandas de mejoramiento social, que no podían ser cumplidas con facilidad, debido al retraso económico y a la, carencia de recursos. Los problemas de los países subdesarrollados eran diferentes de los de aquellos que habían sido ya industrializados y habían montado todo un sistema de producción a gran escala. Es obvio que esos países subdesarrollados no podían pasar por el largo proceso que había industrializado a Europa y a América. Existía una presión social incesante que podía muy bien dar al traste con todo el edificio político, a menos que se les diera a las gentes algo con lo que satisfacer sus anhelos. Y también existía, además, la presión ejercida por poblaciones de rápido crecimiento que consumían toda la producción por grande que fuese, dejando escaso margen para el ahorro o las inversiones destinadas al posterior avance. El problema básico llegó así a ser el de cómo podía crearse un superávit que dedicar a la inversión y al incremento de la producción en un país subdesarrollado y agobiado por la pobreza. Cada uno de estos intentos constituía una enorme carga para las masas. Y sin embargo, esas masas continuaban reclamando un alivio para las cargas que ya pesaban sobre ellas.

Hubieran podido emplearse métodos coercitivos. Pero, en un análisis final, ni siquiera la coerción puede ir muy lejos en el caso de grandes masas de gente, a menos que vaya unida a algunas esperanzas para el futuro. De modo que para lograr un mayor esfuerzo era preciso en cualquier caso ofrecer incentivos especiales y poner ante el pueblo algunos objetivos realizables que le dieran esa esperanza para el futuro. Ese futuro tampoco podía ser muy remoto. En una sociedad democrática, todo depende de la capacidad que tenga ésta para animar al pueblo a mayores esfuerzos, ofreciendo tales esperanzas y objetivos, así como una progresiva mejora de su situación.

Entre los países subdesarrollados, la India está quizá más avanzado que la mayoría. Durante los últimos años ha habido un claro progreso en la edificación de una base para la industrialización, en mejorar la agricultura y en la enseñanza superior y la sanidad. Pero, sobre todo, ha gozado de la ventaja de los ideales, objetivos y disciplinas creados por el Movimiento Nacional que trajo la independencia.

El nacionalismo es todavía la fuerza más poderosa en Asia. El crecimiento de este nacionalismo en Asia es obvio. Pero incluso en Europa, se va haciendo más y más aparente. Hubo un terrible nacionalismo asociado al fascismo y al nazismo. Mientras que esa amenaza ha sido ya conjurada, un nacionalismo agresivo, aunque de tipo más suave, influencia aún la política de muchos países. En muchos países de Europa esto es evidente, en mayor o menor grado. Esta tendencia coexiste con otra opuesta hacia una unidad supranacional de Europa, como lo muestran los intentos de crear un mercado común y muchas instituciones comunes.

Hasta en los países comunistas se evidencia el nacionalismo. La Unión Soviética, grandemente influenciada por las ideas marxistas y sus subsecuentes variaciones, posee también fuertes elementos nacionalistas. En los otros países de Europa del Este, la fuerza del nacionalismo es obvia. Incluso en China, el comunismo mismo está basado en el nacionalismo. Podrá decirse que la fuerza del comunismo, esté donde esté en la práctica, se debe en parte a la asociación con el espíritu nacional. Cuando ambos están disociados, el comunismo es relativamente débil, excepto hasta donde incorpora el descontento que existe en los países subdesarrollados y afligidos por la pobreza.

El impulso nacionalista en los países que se encuentran todavía bajo dominación extranjera, toma, necesariamente, la forma de una lucha por la independencia. En los países fuertes e independientes se inclina en cierta medida hacia el expansionismo, aunque suele quedar algo contrarrestado por tendencias opuestas.

Así vemos hoy un choque entre los impulsos hacia una mayor integración - como ocurre en Europa y en todos los demás sitios - y las fuerzas centrífugas representadas por el nacionalismo tradicional. El gran desarrollo de la ciencia y la tecnología y, más particularmente, de las comunicaciones, presiona más y más hacia integraciones mayores. Y puede presumirse que en este, como en otros asuntos, la ciencia, representante de los hechos básicos de la vida moderna, ganará al final. El verdadero conflicto viene de los conflictos nacionalistas que pueden conducir a la guerra.

La posibilidad de semejante conflicto aumenta debido a la guerra fría entre las mayores ideologías, que tiene lugar hoy en el mundo. Y, sin embargo, tras este supuesto conflicto ideológico se encuentra la rivalidad política de las grandes naciones, cada una temerosa de la otra. Hay diferencias básicas de puntos de vista y de doctrinas económicas, así como en el campo de la libertad y el Estado, entre los países comunistas y aquellos que no lo son. Estas diferencias han disminuido ya un poco y probablemente continuarán disminuyendo; y la brecha entre unos y otros, aunque semeja ser ancha y profunda, se achicará. No es tanto la ideología lo que está cambiando la vida humana, como el crecimiento de la ciencia y la tecnología, que están modelando constantemente estructuras sociales y económicas. La función influencia la forma. Es así en arquitectura. Es igualmente sí, en última instancia, en las estructuras sociales, siguiendo la forma de la estructura a su función. La ciencia y la tecnología están cambiando de funciones continuamente y así, la estructura social tiene necesariamente que adaptar su forma a esas nuevas funciones.

Por eso, el factor esencial y más revolucionario en la vida moderna, no es una ideología determinada, sino el avance técnico. En donde el cambio tecnológico es lento, persisten las viejas formas. Una comunidad subdesarrollada tiene formas atrasadas y una estructura social que no le permite encajar en la moderna era de la ciencia. Pero los hechos de la vida no pueden ser negados y el cambio ha de llegar, trayendo en pos suyo otras consecuencias. Ese cambio ha sido en ocasiones bastante repentino y perturbador, pero incluso de otra manera, los cambios se producen, aunque más lentamente.

En una sociedad democrática, esto es, en donde existe el sufragio para los adultos, y alguna clase de gobierno parlamentario, existen los medios para el cambio de función y, hasta cierto punto, incluso de forma. Pero las formas establecidas de antiguo y los intereses creados resisten al cambio hasta que les es impuesto por las circunstancias. El sistema establecido, siempre se resiste a cualquier, cambio, sea éste religioso, económico o social.

Vivir es un reajuste continuo a situaciones cambiantes. Cada forma política, económica o social tiene una determinada disciplina. Hay la de la religión y la de los usos sociales, y éstos incluyen una cierta disciplina moral o espiritual. Cuando las funciones y las forma varían, las viejas disciplinas se debilitan y son reemplazadas gradualmente por disciplinas nuevas. La rapidez del cambio tecnológico en el último medio siglo ha hecho la necesidad del cambio social mayor que nunca y existe un continuado defecto de ajuste. En la antigüedad, la vida era más simple y estaba más en contacto con la naturaleza y quedaba tiempo para la reflexión y la meditación. Ahora la vida se vuelve más y más compleja y se dedica cada vez menos tiempo a pensar en calma. Incluso cuando hay ratos de ocio no sabe uno qué hacer con ellos.

Este problema del empleo del ocio se está convirtiendo gradualmente en un problema de envergadura, aunque no afecta a la India actualmente y no ha de afectarla en un futuro previsible. Una vida divorciada de la naturaleza y más y más dependiente de objetos mecánicos, empieza a perder su sabor y hasta su sentido funcional la abandona. Las disciplinas morales y espirituales se rompen y a ello le sigue una u otra especie de desilusión y el sentimiento de que algo en nuestra civilización está fallando. Alguna gente habla de la vuelta a la naturaleza y a la vida sencilla de los viejos tiempos. Pero fuera cual fuera la virtud que había en esto, es obvio que no puede haber vuelta atrás, pues el mundo ha cambiado. Un individuo puede tomar *sanyasa* con su renuncia a la vida; pero la sociedad en su totalidad no puede hacerlo. Tiene que basarse en una aceptación de la vida con todos sus problemas y tratar de hacerlo lo mejor posible. Si no lo hiciese así, perecería.

El avance de la ciencia y la tecnología hace definitivamente posible resolver la mayoría de los problemas económicos del mundo y en particular, atender a las necesidades primarías de la vida de todos en todo el mundo. Guarda la promesa de llevarnos a niveles más altos y de abrirnos avenidas de desarrollo cultural. Hoy, el Estado del Bienestar, e incluso una sociedad sin clases, no son ya los ideales del socialismo únicamente, sino que son aceptados también por los países capitalistas, aunque sus vías de aproximación sean distintas. Así, los ideales básicos se acercan unos a otros y existe una posibilidad de aproximarse a esos objetivos aun cuando los métodos pudieran ser diferentes. Esos métodos no sólo estarían basados en algunas teorías lógicas, sino que habrían de depender del trasfondo y la evolución culturales de un país o dé una comunidad, tanto geográficos, como históricos, religiosos, económicos y sociales. Ningún cambio real puede ser impuesto con facilidad; ha de ir creciendo. Un país, especialmente un país con una antigua civilización, tiene hondas raíces en el pasado, que no pueden ser arrancadas sin gran daño; aunque muchas semillas en la forma de costumbres e instituciones anticuadas y perjudiciales pueden y deben arrancarse. Igual que la naturaleza establece cierto tipo de equilibrio que no puede romperse repentinamente sin crear trastornos, así también en una comunidad o en un país no es fácil ni deseable alterar los viejos estilos de vida demasiado súbitamente. El intento de solucionar un problema de este modo, puede muy bien llevar a problemas más graves y difíciles de resolver.

Esto se aplica al mundo exterior en el que vivimos y mucho más a la vida interior de los seres humanos. Es bien sabido que al tratar con sociedades tribales o algo primitivas, los intentos de imponer un cambio demasiado rápido han producido consecuencias desastrosas. Las sociedades más avanzadas quizás no sufran tanto con un cambio rápido, pero en la era de los *jets* y de los viajes espaciales que se aproxima, nadie sabe qué transformaciones biológicas o de otra especie pueden tener lugar.

Si es así externamente, entonces, con toda seguridad, han de producirse transformaciones todavía mayores en la mente, las emociones y el espíritu del hombre. El hombre hoy, como nunca en la historia humana, ha de vivir con el cambio como socio permanente en sus actividades y en sus instituciones. Realmente, no puede seguir el ritmo de esos cambios y, aunque utiliza los productos de la ciencia y de la tecnología, raras veces los entiende. Pero cuando esa sociedad va cambiando de día en día, es difícil saber cómo prepararse a ello y a qué se debe aspirar, hay una falta de armonía entre una civilización altamente técnica y las formas más antiguas de vida social y la filosofía que las sustenta. Las relaciones con la naturaleza varían e incluso la relación con la personalidad propia sufre una transformación. El valor de la personalidad humana disminuye en una sociedad mecánica. El individuo se pierde entre la masa y tiende a convertirse meramente en un instrumento en la compleja instalación que está constantemente aspirando a una mejora social y económica del grupo en conjunto.

Muchos de nosotros asignamos gran valor al desarrollo y a la libertad del individuo. El trasfondo ideológico ayuda a este proceso o lo obstruye. Pero quizá el factor más potente que está haciendo disminuir el valor de la personalidad individual es la mecanización y automatización.

Podemos ver los efectos de estos rápidos cambios tecnológicos más especialmente en la juventud de hoy. Los padres, los educadores y los trabajadores sociales están turbados a causa de la divergencia existente entre jóvenes y adultos. Los módulos de conducta que mantenían los adultos no son aceptados ya y se ha producido un rechazo de las viejas normas morales. En casos extremos, hay una inclinación hacia la criminalidad, el alcoholismo, la destructividad y el erotismo, como añadidura a una actitud cínica y negativa hacia la vida y el trabajo. En un mundo de cambios constantes y sin seguridad ni certeza algunas, los principios hedonistas poseen una atracción fuerte. La continuidad de la cultura nacional queda amenazada y se hace evidente una tendencia a la desintegración social.

Esta es quizá una visión extrema y no exactamente una apreciación justa de lo que está sucediendo ahora. Pero no puede caber duda de que esas tendencias se hallan presentes más aún en las sociedades desarrolladas y avanzadas que en la India o en otros países subdesarrollados. Pero es importante advertirlas, porque es probable que fuerzas similares afecten también a nuestra vida. Quizá todo esto es una consecuencia necesaria en una era de rápida transición y se irá creando gradualmente una nueva civilización básica, adaptada a la tecnología, que desarrollará ideologías nuevas, nuevas formas de vida colectiva y, en suma, una filosofía más amplia de la vida.

No sé si éste se considera un punto de vista demasiado pesimista de lo que está ocurriendo. Mi propia reacción ante los acontecimientos en la India o en el mundo no es pesimista. Y una fe que no puedo analizar o explicar, me llena de esperanza para el futuro. Tal vez se deba a la buena fortuna que me ha acompañado en gran medida. La mayor fortuna ha sido el enorme afecto del pueblo indio; pero incluso cuando he estado en el extranjero he encontrado amistad y una calurosa bienvenida de la gente en todas partes. Así he desarrollado un gran afecto por el pueblo de la India y he puesto mi fe en él; y también siento respeto y afecto hacia los pueblos de otras tierras. Me he dado cuenta de que, lo que uno da, lo recibe luego. Si damos afecto, nos es devuelto en abundancia; si es odio, entonces eso es lo que obtenemos en retorno. Yo he visto y sentido que la gente suspira en todas partes por la paz, la buena voluntad y la cooperación. Si es así, como creo que lo es, entonces debería ser posible para nosotros desviar la corriente de los acontecimientos del conflicto a la cooperación de los pensamientos de guerra a las obras de paz.

El miedo —creo— es probablemente el mayor mal, porque del miedo brotan el conflicto y la violencia. La violencia es una reacción al miedo y así es también la falsedad. En nuestros antiguos escritos se dice qué el mayor don que puede ser otorgado es el don de la intrepidez: *abhayada*. Una persona que está libre de temor puede ver las cosas en su justa perspectiva y preservar cierta integridad de la mente y de sus actos. Hoy vemos al miedo envolviendo al mundo y hasta las naciones más grandes y poderosas son afectadas por él. La riqueza y el poder, en lugar de reducir ese elemento de miedo, en realidad lo agrandan. Ninguno de nosotros, excepto los santos y los superhombres, puede estar absolutamente libre de temor. Pero podemos tener ese ideal ante nosotros y tratar de realizarlo. El mayor don de Gandhiji a la India fue el de menguar este sentimiento de temor en nuestro pueblo.

La intrepidez lleva a la compasión y a la tolerancia. Cuando pensamos en el Buddha es su compasión lo que nos asombra; cuando pensamos en Ashoka, es su pasmosa tolerancia lo que nos saca de nuestros estrechos credos.

El mundo está lleno de problemas nacionales, internacionales y de raza, religión, credo y clase. Es absurdo negar o ignorar estos problemas, pero podemos aproximarnos a ellos no por la vía del conflicto, sino por el camino de la paz, y tratar así de resolverlos.

Internacionalmente, la cuestión principal hoy en día es la de la paz mundial. Esto implica un intento de solventar los grandes problemas y disputas que nos afligen. Cómo podrá llegarse a una solución, no soy yo quien ha de decirlo. Pero pienso que deberíamos tener clara nuestra mente respecto a los medios que adoptemos y el camino que sigamos para hallar la solución. A menudo se dice que la elección está hoy entre la guerra que implica la casi total aniquilación y alguna solución pacífica a estos problemas. Si estas son las alternativas, entonces la elección es clara. Y una vez hecha esa elección, debe seguirse de ello que todo aquello que aumente las tensiones en el mundo, debe ser evitado. Hemos de llegar a la firme conclusión de que hoy la guerra puede ser descartada, puesto que ni siquiera promete victoria o los frutos de la victoria. Vivir al borde de la guerra practicando la política de llevar las cuestiones hasta su límite extremo de tensión es, por lo tanto, ausencia total de sabiduría. Aunque podamos diferir unos de otros, debemos abstenernos de hacer críticas ásperas y de condenar; debemos damos cuenta de qué es absurdo que un grupo cualquiera afirme que medio mundo es malo o que está dominado por el mal. Es fácil criticar al mundo capitalista o al mundo comunista; pero ambos poseen grandes virtudes, aunque tengan también grandes fallos y ambos tienden a moverse en la misma dirección, a pesar de sus conflictos internos, y ambos están gobernados por el avance de la ciencia y la tecnología. El único camino abierto para nosotros es aceptar el mundo como es y desarrollar una tolerancia mutua. Los viejos conflictos de religiones mutuamente excluyentes, terminaron gradualmente después de guerras sangrientas y surgió una nueva tolerancia. No hay razón para que la tolerancia no exista también entre teorías económicas y sociales contrarias. En última instancia, los hechos de la vida decidirán e influirán en ambas. A cada país le debería estar permitido desarrollarse a su manera propia, aprendiendo de los demás y no sufriendo imposiciones por parte de ellos. De este modo, cada ideología influenciará a la otra y será influenciada por ella.

El nacionalismo es un sentimiento saludable y conveniente para un pueblo: cuando se trata de suprimirlo, reacciona con violencia; pero cuando está aliado a un poder excesivo, puede volverse agresivo y obcecado. El nacionalismo moderno ha sido una reacción contra el imperialismo extranjero y el racismo.

El racismo existe todavía, en diversos grados, en muchos países, pero, por lo general, es condenado. Solamente en la Unión Sudafricana constituye la doctrina estatal Aceptada. Está claro que ésta es una enorme fuente de conflictos y, al implicar dominación en su peor aspecto, puede producir amargura y fuertes reacciones. Permitir que este conflicto sea resuelto por métodos violentos es una postura desesperada, aparte de las desastrosas consecuencias que ello traería a la zaga. Podría ser que la opinión mundial contra el racismo se hiciese tan fuerte, que ningún país o grupo fuera ya capaz de abogar por él o de practicarlo.

El imperialismo o colonialismo, sea cual fuere la forma que tome, se encuentra hoy completamente fuera de lugar en el mundo y es la causa del conflicto. Existe todavía en muchos sitios y su teoría influencia muchas mentes. Pero es un credo desacreditado y en todas partes se halla a la defensiva. Una política mundial debería ser, en consecuencia, dar fin al racismo y al imperialismo y dejar que los países decidan su propio destino. Esto podría conducir al desorden y al caos en ciertos países, pero sería limitado y no afectaría a grandes zonas; y acabaría por corregirse probablemente después de un tiempo. Lo que es injusto y produce consecuencias peligrosas, es el intento de un país de imponer su voluntad a otro.

Las alianzas militares y la guerra fría, cualquiera que fuere su justificación en el pasado, llevan hoy a la inseguridad y al miedo a la guerra. Impiden el desarrollo normal de los países y vician la atmósfera del mundo. Mientras dure la guerra fría no habrá tolerancia. En vez de que los países desarrollados reciban ayuda para crecer y elevar su nivel, entran en juego consideraciones militares y a menudo son ensalzados ciertos regímenes políticos que son reaccionarios y no gratos al pueblo, aumentando así la situación de inseguridad.

No sería realista sugerir que los trastornos, conflictos y pasiones del mundo pueden ser suprimidos por medio de algún sortilegio o de frases devotas. Si es realista aconsejar una línea de acción que tienda a aflojar tensiones y elimine finalmente la probabilidad de un conflicto armado. En esencia, esta línea de acción es un nuevo enfoque mental al que siguen procedimientos económicos y políticos en consonancia con él. El *panchshil* o Cinco Principios, de que se ha hablado tanto, ofrece esta clase de aproximación; pero tal aproximación sólo puede ser real si hay un cambio en la mente y en el espíritu y no meramente un conjunto de palabras que han perdido su significado. La paz no es abstención física de la guerra, sino el intento de crear un clima de paz en el mundo entero.

En la India hemos tratado de seguir esta política en los asuntos internacionales, aunque no puedo afirmar que siempre hayamos tenido éxito al hacerlo. La política exterior depende, en último extremo, de la situación y los acontecimientos internacionales. El progreso interno se hace, por tanto, esencial para nosotros, si hemos de jugar algún papel efectivo en los asuntos mundiales. Y es todavía más esencial, por supuesto, para nuestro propio bienestar.

Después del primer Plan Quinquenal y de los dos años transcurridos desde que comenzó el Segundo Plan, hemos hecho un claro progreso en muchos aspectos: en algunos, obvio; en otros, no tan aparente. La marcha del progreso no ha sido tan rápida en algunos sentidos como nos hubiera gustado que fuese, pero hemos de recordar en la agricultura como en la industria, este progreso es evidente y de él es, en último extremo, del que depende nuestro futuro.

La educación es la base de este progreso y se

está concediendo ahora considerable atención a su difusión, tanto de la educación básica como de la instrucción técnica. Millones de muchachos y muchachas siguen los cursos de las escuelas y universidades y cientos de miles están siendo entrenados en facultades e institutos técnicos. Estas cifras, constituyen sólo una parte de la población de la India y queda mucho por hacer. Pero, aun así, el número es grande y cuando estos estudiantes salen, de la escuela y de la universidad, aportan un nuevo punto de vista a las cuestiones de la vida. Así, lenta pero inevitablemente, nuestros moldes sociales van cambiando. El cambio tal vez mayor y más revolucionario se produzca a través de la educación de las mujeres. Son esas muchachas jóvenes las que están ya influenciadas y van a cambiar progresivamente la vida entera del pueblo de la India. En la actualidad los cambios han tenido lugar más en las ciudades que en las áreas rurales, pero incluso nuestros pueblos están siendo afectados por ellos, y en el curso de unos pocos años la educación básica abarcará a todo el mundo en edad escolar. Mucho se ha dicho criticando la educación de hoy en día y casi todos nosotros nos hemos sumado a la crítica de que la educación se va extendiendo de prisa y va transformando la contextura de nuestro vivir.

Existe también el problema de la población. Ha habido un notable aumento de población en todo el mundo y a este ritmo de aumento se prevé que la población mundial puede llegar a estar entre los 3.500 y 5.000 millones de habitantes hacia finales de este siglo. En la India, los cálculos oscilan entre 600 y 680 millones para el año 2.000. La cifra de 600 millones es la mínima que podemos esperar, siempre y cuando logremos aminorar el ritmo de crecimiento, en cierta medida.

Este crecimiento de población tiene dos aspectos. El que nos afecta más es que aquel se interpone en el camino de nuestro avance económico y mantiene bajo el nivel de vida, aunque estemos haciendo progresos en otras direcciones. El otro aspecto es que ese tremendo aumento mundial de la población está agotando los recursos del mundo y los materiales industriales a una velocidad terrorífica. Si el mundo entero funcionase en esta cuestión como lo están haciendo hoy los Estados Unidos de América, entonces, probablemente, a fines de siglo todos los materiales de la tierra que pueden obtenerse hoy, se habrían agotado. Esto, desde luego, es improbable; pero aunque el ritmo de consumo en otros países es mucho más lento, los materiales disponibles no pueden durar más de unos cientos de años.

De esto se desprenden dos consecuencias: una es que tenemos que controlar el ritmo de crecimiento de la población y otra, que hemos de encontrar otras fuentes de recursos y materiales. Posiblemente, el desarrollo de la energía atómica nos proporcione otras fuentes de poder. En la India nos atañe más reducir el crecimiento de la población y esto se ha convertido en una cuestión no sólo de importancia, sino de urgencia.

Hay dos hechos básicos que debemos tener presentes. Uno, el tremendo crecimiento de la capacidad de producción en algunas naciones y, consecuentemente, de la riqueza y el poder, como resultado del progreso de la ciencia y la tecnología. El otro es la gran disparidad entre estas ricas y poderosas naciones y las naciones subdesarrolladas. Esta disparidad tiende a aumentar y, de hecho, ha aumentado considerablemente en los últimos años, a pesar de los esfuerzos de ascender de nivel hechos por los países subdesarrollados. Si se deja a los poderes económicos de otro tipo plena libertad de acción, harán a las naciones ricas más ricas y más poderosas mientras que las otras seguirán luchando penosamente para subvenir a sus necesidades básicas. Al que tiene, le será dado más. Incluso dentro de un país, las áreas más desarrolladas tienden a avanzar más que las otras áreas.

Como consecuencia de ello, surgen conflictos y peligro de guerra entre las naciones y aumenta la inquietud social en los países. subdesarrollados. Por una parte, el poder y la riqueza son causas de rivalidad y conflicto; por otra, la pobreza y la miseria también llevan a trastornos y conflictos. De unos y otros brotan el miedo y la inseguridad. Una excesiva acumulación de riqueza y poder no trae la seguridad e impide una correcta comprensión de las fuerzas que están en juego en el mundo. Las disparidades, sean entre naciones o dentro de una nación, deben, por lo tanto, ser reducidas.

No es posible solucionar los problemas de la

era nuclear con el tratamiento convencional de antes. Ni en política ni en economía pueden producir resultados satisfactorios esas ideas convencionales.

En los asuntos internacionales vemos la falta de sabiduría que representa el conducir una guerra fría, con todo su acompañamiento de miedo y odio, cuando es evidente que ello incrementa el peligro en que se halla la humanidad y no puede, en modo alguno llevar a una solución. Se siguen llevando a efecto pruebas nucleares, cuando los científicos nos están diciendo que cada una de esas pruebas tiene consecuencias muy dañosas para el presente y para las generaciones futuras. ¿Por qué se sirve entonces con esa política anticuada, que no se apoya en la lógica ni en la razón, aparte de cualquier principio moral? Se diría que podía esperarse una decisión inmediata y unánime de detener todas las pruebas nucleares y de proceder a una progresiva reducción de armamentos. El miedo impedirá cualquier paso unilateral, pero la razón debería lograr acuerdos bilaterales que irían en beneficio de cada uno de los países.

El mismo argumento es aplicable a las teorías y puntos de vista económicos y existe escasa comprensión de los peligros inherentes a un mundo que consiste, ten gran proporción, en masas de gente en la pobreza, con unos relativamente pocos países opulentos, colocados en circunstancias favorables. Si es urgentemente preciso para los países subdesarrollados el elevar su nivel, es igualmente necesario desde su propio punto de vista para los países ricos acelerar este proceso. Estos problemas de hoy corresponden a un mundo nuevo y no pueden resolverse con la aplicación de los métodos del mundo viejo.

Es una tragedia que hayan de gastarse colosales sumas de dinero en armamentos, con gran detrimento del avance social en el mundo. Es una tragedia todavía mayor que el aumento de temor y la sinrazón persistan, cuando está abierta la vía para el entendimiento. El entendimiento no viene por medio de un acercamiento de tipo militar, que sólo conduce a mayor miedo y a mayores tensiones. No estoy acusando a ningún país en particular, porque, en mayor o menor medida todos los países están en las garras de ese ambiente de temor y no pueden desembarazarse de él por completo. Todo lo que podemos hacer es probar lo mejor que sepamos a cambiar esa atmósfera en nuestras propias relaciones con los otros países.

En los tempranos días del capitalismo —y, en realidad, incluso ahora en gran medida— el mayor énfasis se ponía en la producción. Esto era necesario entonces. Pero se hizo progresivamente evidente que la producción por sí misma no soluciona nuestros problemas ni lleva a la felicidad y a la dicha. La pasión por las riquezas, por la adquisición de más y más fortuna tiende a corromper y a crear envidias y conflictos. Si el objetivo al que se aspira es el equilibrio social en una comunidad o en el mundo en general, la producción por sí misma no lo proporciona. En realidad, tiende a crear mayores desequilibrios. Así cobra importancia el problema de la distribución equitativa y el empleo justo de lo que se ha producido en el análisis final. Lo que se requiere es la sabiduría de cómo vivir y cómo sacar lo más posible de la vida para uno mismo y para la comunidad. La política económica no puede seguir considerándose como una especie de interpretación de las leyes de la naturaleza aparte de consideraciones humanas o cuestiones morales.

Me he referido a estas grandes cuestiones repetidamente, porque no podemos desligarnos de ellas, y porque influencian incluso nuestros problemas domésticos. Estamos tan sujetos por ideas heredadas que se nos vuelve difícil considerar nuestros problemas en su contexto actual. La pobreza es degradante y la reacción obvia es tratar de librarse de ella. Hablar de libertad en la pobreza es casi una contradicción de términos. Lo peor de todo es que la pobreza tiene tendencia a perpetuarse. Pero el exceso de riqueza u opulencia, sea individual o en una sociedad, tiene también su cortejo de males, que se están evidenciando hoy. La simple acumulación de bienes materiales puede llevar al vacío en la vida interior del hombre.

La visión socialista es, ciertamente, de orden económico, pero trata de tomar también en consideración esos otros factores. Existe el peligro de que el socialismo, aun llevando al bienestar e incluso a la distribución equitativa, pueda, no obstante, desatender algunas de las características importantes de la vida. Es gran parte, por esta razón, por lo que se hace necesario poner el énfasis en el individuo.

En la India, nuestros problemas actuales son esencialmente, lograr desarrollo económico y elevar el nivel de vida. Hemos establecido deliberadamente como objetivo un modelo socialista de sociedad, aunque no lo hemos definido con precisión. Yo pienso que es preferible evitar definiciones precisas, porque tienden a convertirse en dogmas y lemas que obstaculicen la claridad de pensamiento en un mundo que está cambiando rápidamente. Pero el exceso de vaguedad también obstaculiza el camino para la necesaria acción. Ha de haber, por lo tanto, metas definidas y algunas nociones claras de cómo alcanzarlas.

He sugerido previamente que cada país debería desenvolverse sin ninguna imposición de fuerza. Mientras la ayuda y el consejo deberían ser bienvenidos, la imposición impide el sano desarrollo y crea conflictos, en consecuencia, a cada país le debería estar permitido modelar su propia política, a condición de que, en lo posible, no perjudique a otros países. Debemos aceptar que ninguno de nosotros tiene el monopolio de la verdad y también que lo que a nosotros puede convenirnos acaso no es adecuado para otros que viven en diferentes condiciones. Debemos también aceptar que tenemos que vivir en este mundo con muchas cosas que nos desagradan y que la única influencia que podemos permitirnos ejercer es la derivada de nuestra propia conducta y política, y mediante la amistosa cooperación con los demás. A despecho de la gran diferencia que existe entre las grandes ideologías de hoy, yo creo que los puntos de similaridad están aumentando y que las circunstancias las están acercando una a otra. Si el miedo no estuviera presente, ni se utilizaran amenazas y presiones, este proceso de acercamiento se aceleraría. Esto significa que, ampliamente expresado, el *statu quo* ha de ser aceptado, sea en la esfera política o en la económica, como entre las naciones. Los problemas que requieren solución deben ser tratados mediante métodos pacíficos.

Dentro de una nación existen conflictos. Hay, sin embargo, una diferencia, ya que en un sistema democrático con sufragio para los adultos, estos conflictos pueden ser resueltos por métodos constitucionales normales. En conjunto, ahora no se producen conflictos religiosos. Los conflictos raciales están limitados a unas pocas áreas en el mundo, aunque el problema racial persiste. En la India hemos contemplado los más perturbadores espectáculos de conflictos basados en el provincialismo o el problema lingüístico. Sin embargo, lo que principalmente plantea problemas hoy, es el conflicto de interés de clase y, en tales casos, los intereses creados no son fáciles de desplazar. No obstante, hemos visto en la India poderosos intereses creados, como los de los antiguos príncipes y los grandes terratenientes solventados por métodos pacíficos, aun cuando ello representaba una ruptura en un sistema bien establecido en favor de unos pocos privilegiados. Por eso, aunque hemos de reconocer que hay conflicto de clases, no hay razón por la que no podamos manejarlo por esos métodos pacíficos. Sin embargo, sólo tendrán éxito si tenemos a la vista un objetivo justo, claramente comprendido por el pueblo.

Personalmente, pienso que la sociedad de consumo, que es la base del capitalismo, no es ya adecuada a la era actual. Puede haber sido apropiada en un período anterior, y sin duda, el capitalismo tiene en su crédito grandes mejoras, pero el mundo ha sobrepasado ese estadio. Es demasiado complejo y está lleno de gente y nos hallamos sentados casi en los umbrales de la puerta de los demás. Tenemos que crear, por lo tanto, un nuevo orden más en consonancia con las tendencias y condiciones modernas y que no implique tanta competición, sino mucha mayor cooperación. En última instancia esto debería llevar a un Estado Mundial. Eso sólo puede tener lugar en una atmósfera que dé libertad a cada grupo para desarrollarse de acuerdo con sus preferencias sin interferir en los actos de los demás.

Aunque una sociedad de consumo basada en motivos de provecho parece fuera de lugar en el nuevo mundo que está creciendo, eso no significa que no deba haber incentivos. Los incentivos serán siempre necesarios, aunque puedan estar limitados a beneficios financieros. Hemos de fomentar el espíritu de aventura y de invención, el gusto por el riesgo, para dar perfil y substancia a nuestras vidas. Las empresas privadas tendrán aun gran campo de acción, pero incluso ellas habrán de funcionar de modo diferente y no puramente con vistas al consumo. En la India hemos entrado tardíamente en la fase de la revolución industrial. Lo hemos hecho así en un tiempo en que una parte del mundo se encuentra en la era del *jet* y la energía nuclear. Pues, hemos, de proceder simultáneamente a llevar a cabo ambos revolucionarios cambios y esto implica una pesada carga. Hemos aceptado el socialismo como nuestra meta, no sólo porque nos parece justo y beneficioso, sino porque no hay otro camino para dar solución a nuestros problemas económicos. A veces se dice que no puede tener lugar un progreso rápido por medios pacíficos y democráticos y que han de adoptarse métodos autoritarios y coercitivos. Yo no acepto esta afirmación. En verdad, cualquier intento en la India de hoy de descartar los métodos democráticos conduciría a la disgregación y pondría así fin a cualquier perspectiva inmediata de progreso. Mirándolo a largo plazo, creo también en la dignidad del individuo y en que ha de tener el máximo de libertad que le sea posible para él, aunque en una sociedad compleja la libertad ha de ser limitada, so riesgo de dañar a otros.

La ingente tarea que hemos emprendido requiere la más completa cooperación de las masas de nuestro pueblo. Esa cooperación no puede llegar a menos que les ofrezcamos un objetivo que sea aceptable para ellas y les prometa resultados. El cambio que perseguimos echará necesariamente cargas sobre nuestro pueblo, incluso sobre aquellos que menos pueden soportarlas; de no comprender que son participantes en la construcción de una sociedad que ha de traerles beneficios, no aceptarán esas cargas ni prestarán su entera colaboración. Lo que es llamado "libre empresa" no ejercerá nunca atracción sobre las masas de nuestro pueblo; llevará al uso de nuestro recursos a menudo para propósitos que no son de importancia capital. Representará la explotación del objetivo del logro de ganancias, en el que pueden estar interesados los individuos, pero no la sociedad en su conjunto.

El anhelo más fuerte en el mundo de hoy es el de la justicia social y la igualdad. El antiguo sistema feudal estaba basado en la posesión de la tierra por unos pocos, mientras los demás vivían al margen de la existencia . Nadie recomienda hoy este sistema. De la misma forma, muchos de los sistemas que hoy prevalecen han perdido su garra y no son compatibles ni con el pensamiento del pueblo ni con el avance científico.

La naturaleza de la tarea con la que hemos de enfrentarnos exige un tratamiento cuidadosamente planeado y científico, para utilizar los recursos disponibles de la mejor manera posible y dirigir los esfuerzos de la nación hacia nuestra meta. Es curioso que en esta era de la ciencia haya todavía alguna gente que crea en el aventurado método de la empresa privada con beneficio individual como motivo dominante.

Estamos en la mitad del segundo Plan Quinquenal y el Tercer Plan aparece ya ante nuestros ojos. Hemos llegado a una etapa en la que este Plan debe situar definitivamente los objetivos materiales a alcanzar y la manera de lograrlos. Esperamos que hacia el final del Tercer Plan, como nuestro Presidente señaló en su alocución en el Parlamento, "se hayan plantado unos sólidos cimientos para el progreso futuro en lo relativo a nuestras industrias básicas, producción agrícola y desarrollo rural, conduciendo así a la creación de una economía autosuficiente y autogenerada". No esperamos haber resuelto nuestros problemas hacia el fin del Tercer Plan y habrá otros muchos planes quinquenales que le seguirán; pero aspiramos a romper esa barrera de pobreza, de modo que nuestro subdesarrollo no pueda perpetuarse. Si tenemos éxito en ello, como confiamos en tenerlo, entonces avanzaremos a un paso más rápido y estaremos menos dependientes de los demás.

Esto implica una carga pesada pero no hay escape de ello, si somos serios y estamos determinados a avanzar rápidamente hacia nuestros objetivos.

En los últimos meses se han tomado algunas decisiones relativas a las tierras, que han provocado varias críticas. Vemos aquí el conflicto de clases, que es inevitable cuando tiene lugar cualquier cambio social importante. Estoy seguro de que resolveremos ese conflicto pacíficamente y con la misma voluntad de cooperación con que hemos resuelto previamente otros conflictos semejantes.

Estoy convencido de que para nuestra población rural, no hay otro camino que el de la cooperación. Las cooperativas multifacéticas son esenciales para ellos y éstas podrán llevar a las cooperativas agrícolas. Yo no creo que las cooperativas agrícolas sean apropiadas para la India en las presentes circunstancias y no quisiera que nuestros campesinos se convirtieran en unidades indistinguibles de una máquina. El hecho que deberíamos recordar es que hay demasiada gente en este país y, relativamente, poca tierra. El hecho mismo de que surja una controversia sobre estos temas, indica que se están haciendo progresos y que estamos saliendo de la rutina económica de los siglos.

No es por medio de una mera teoría, por buena que sea, como seduciremos a nuestras masas de agricultores. La postura esencial ha de ser hacerles comprender y cooperar para llegar a la autosuficiencia. De ahí la importancia de dar poderes al *panchayat* aldeano y a las cooperativas de los pueblos. El argumento de que podrían malemplear esos poderes, aunque puede tener cierta fuerza, carece de validez real. Ha de correrse el riesgo, porque sólo así aprendería el pueblo, a través de pruebas y errores.

El movimiento de desarrollo de las comunidades en la India empezó hace seis años y medio y cubre ahora 300.000 pueblos. Esto es un notable adelanto y pienso que producirá, y, hasta cierto punto está produciendo, resultados revolucionarios en el país. Conozco bien sus fracasos, pero sus éxitos son todavía más obvios. Los resultados efectivos dependerán de la medida en que el pueblo se asocie a él. Los funcionarios y el personal entrenado tienen importancia , pero el verdadero papel ha de ser jugado por el campesino medio. Creo que un nuevo espíritu se está extendiendo en el campo, como resultado de ese esquema de las Comunidades de Desarrollo.

Sea en la tierra, o en la industria o en el aparato gubernamental se hacen necesarios de vez en cuando ciertos cambios institucionales, al variar las funciones, y una nueva serie de valores reemplazará a los que han gobernado la vieja sociedad de consumo basada en el deseo de beneficios. La transferencia total de poder llevará tiempo, pues el problema que se alza ante nosotros es, en última instancia, el de cambiar el modo de pensar y las actividades de millones de gentes; y hacer esto democráticamente, con su consentimiento. Pero el ritmo del cambio no tiene por qué ser lento y, en efecto, las circunstancias no van a permitir una paulatinidad demasiado grande.

La India de hoy presenta un cuadro muy mezclado de esperanza y angustia, de notables adelantos y, al mismo tiempo, de inercia; con un espíritu nuevo y también la pesada mano del pasado y de los privilegios, de una unidad general y creciente y muchas tendencias perturbadoras. Con todo, hay una gran vitalidad y un fermento de ideas en la mente y en las actividades del pueblo. Quizá nosotros que vivimos en medio de esta escena siempre cambiante, no nos demos cuenta enteramente del pleno significado de todo lo que está ocurriendo. A menudo los de fuera pueden hacerse cargo mejor de la situación.

Es cosa notable que un país y un pueblo enraizados en un remoto pasado, que han mostrado siempre tanta resistencia a cambiar puedan estar ahora avanzando rápidamente con paso resuelto. En la India estamos haciendo historia, aunque podamos no ser plenamente conscientes de ello.

¿Qué emergerá de la labor y del tumulto de la presente generación? Cómo será la India del mañana, yo no puedo decirlo. Sólo puedo expresar mis esperanzas y deseos. Naturalmente, yo quiero que la India adelante en el plano material, que cumpla los objetivos de sus planes quinquenales, que eleve el nivel de vida de su vasta población; quiero que los mezquinos conflictos actuales, en nombre de la religión o de la casta, el lenguaje o la provincia, cesen y se cree una sociedad sin clases y sin castas, en la que cada individuo tenga plena oportunidad de crecer según su valor y su habilidad. Espero, en particular, que la maldición de las castas sea eliminada, pues no puede haber ni democracia ni socialismo basados en las castas.

Cuatro grandes religiones han ejercido influencia en la India; dos, surgidas de su propio pensamiento: el hinduismo y el budismo, y dos, llegadas del extranjero, pero que se establecieron firmemente en la India: el cristianismo y el islam. La ciencia de hoy desafía al viejo concepto de religión. Pero si la religión trata, no de dogmas y ceremonias, sino más bien de las cosas elevadas de la vida, no debería haber ningún conflicto entre ella y la ciencia o de religiones *inter se*. Podría ser el alto privilegio de la India ayudar a realizar esta síntesis. Eso entraría en la antigua tradición de la India inscrita en los Edictos de Ashoka:

> El aumento de la fortaleza espiritual es de muchas formas. Pero la raíz es vigilar el lenguaje, para evitar ensalzar la religión propia en detrimento de la religión ajena o hablar frívolamente de ella sin ocasión ni pertinencia. Cuando surge la ocasión apropiada, las personas que tienen otras religiones han de ser también debidamente honradas. Actuando de esta manera ensalza uno ciertamente a aquellos de la propia religión y ayuda también a los de otras. Actuando de diferente manera una injuria la propia religión y hace también desfavor a las religiones de los otros. Uno que reverencia su propia religión y desprecia la religión de otro por devoción a la suya y para glorificarla por encima de todas las demás religiones, darla con toda certeza a su propia religión.

En los tiempos de Ashoka, la religión abarcaba la fe y los deberes de toda clase. Hoy no nos peleamos tanto por cuestiones religiosas como por asuntos políticos o económicos o ideologías. Pero podríamos perfectamente seguir los consejos de Ashoka al tratar con la gente que difiere de nuestra opinión en política o en economía. En la mente de Ashoka no había espacio para la guerra fría. No debería haber ninguno hoy. La India del mañana será lo que hagamos de ella con el trabajo de hoy. Yo no dudo de que la India progresará en el campo industrial y otros; que avanzará en la ciencia y en la tecnología, que el nivel de nuestro pueblo se elevará, que se extenderá la educación, que las condiciones sanitarias serán mejores y que el arte y la cultura habrán de enriquecer la vida de las gentes. Hemos iniciado esta peregrinación con firme propósito y buena voluntad y hemos de alcanzar el término del viaje, por largo que éste pueda ser.

Pero lo que me preocupa no es meramente nuestro progreso material sino la calidad y profundidad de nuestro pueblo. Al adquirir poder mediante los procesos industriales, ¿se perderá a sí mismo en la búsqueda de la riqueza personal y de la vida muelle? Esto sería una tragedia, porque constituiría la negación de todo lo que ha representado la India en el pasado, y, según creo, también en la época actual, como lo demuestra el ejemplo de Gandhi. El poder es necesario, pero la sabiduría es esencial. Solo es bueno el poder aliado a la sabiduría.

Todos nosotros mencionamos y pedimos ahora derechos y privilegios, pero la enseñanza del antiguo *dharma* se refería a deberes y obligaciones. Los derechos siguen al cumplimiento de los deberes. ¿Podemos combinar el progreso de la ciencia y la tecnología con este progreso de la mente y del espíritu? No podemos ser falsos para con la ciencia, porque representa el hecho básico de la vida actual. Aún menos podemos ser falsos para con esos principios esenciales que la India ha representado en el pasado, a lo largo de las edades. Tratemos, por lo tanto, de proseguir nuestro camino hacia el progreso industrial con toda nuestra fuerza y nuestro vigor y, al mismo tiempo, recordemos que los bienes materiales sin tolerancia, compasión y sabiduría, pueden muy bien convertirse en polvo y cenizas. Y recordemos también que se ha dicho: "Bienaventurados los pacíficos".

LA IMPORTANCIA
DE LA IDEA NACIONAL

En la India, por estar reconocida la libertad de pensamiento sean cuales sean sus restricciones en la práctica no se suprimen las ideas nuevas. Son estudiadas y pueden llegar a aceptarse con mucha más facilidad que en países que tienen una visión de la vida más rígida y dogmática. Los ideales esenciales de la civilización india tienen una base amplia y pueden adaptarse a casi cualquier circunstancia. El rudo conflicto entre ciencia y religión que sacudió a Europa en el siglo XIX carecería de sentido en la India, ni cambio alguno basado en las aplicaciones de la ciencia podría entrar en conflicto con esos ideales. Sin duda alguna, tales cambios han de excitar, como lo están haciendo, la mente de la India, pero ésta, en vez de combatirlos o rechazarlos, puede racionalizarlos desde su propio punto de vista ideológico e insertarlos en su marco mental. Es probable que, en este proceso, sean introducidos muchos cambios vitales en la antigua perspectiva, pero no serán superpuestos desde el exterior, sino que parecerán surgir naturalmente del trasfondo cultural del pueblo. Esto es hoy más difícil de lo que hubiera podido ser, a causa del largo período de detención de desarrollo y de la urgente necesidad de cambios radicales y de gran envergadura.

Sin embargo, habrá conflicto con respecto a gran parte de la superestructura que ha crecido alrededor de esos ideales básicos y que existe y nos sofoca hoy. Esa superestructura tendrá que desaparecer inevitablemente, pues hay en ella muchas cosas malas y es contraria al espíritu de la época. Los que tratan de conservarla le hacen un flaco servicio a los ideales básicos de la cultura india, pues entremezclan lo bueno y lo malo, poniendo así en peligro lo primero. No es asunto fácil separarlos o trazar una línea divisoria firme entre ambos y los criterios diferirán, además, enormemente. Pero es necesario trazar alguna línea teórica y lógica semejante. La lógica de la vida en transformación y la marcha de los acontecimientos irán, gradualmente, trazando esa línea. Cada tipo de desarrollo —sea técnico o filosófico— precisa del contacto con la vida misma, con las necesidades sociales, con el movimiento viviente del mundo. La falta de tales contactos lleva al estancamiento y a la pérdida de vitalidad y de capacidad creadora. Pero si mantenemos esos contactos y permanecemos receptivos ante ellos, podremos adaptarnos a los giros de la existencia sin perder las características esenciales que valoramos.

Nuestra aproximación al conocimiento en el pasado era de tipo sintético, pero estaba limitada a la India. Esta limitación continuó, pero la aproximación sintética abrió paso gradualmente a otra más analítica. Ahora hemos de poner mayor énfasis en el aspecto sintético y hacer objeto de nuestro estudio al mundo entero. Este énfasis en la síntesis es, en verdad, necesario a todas las naciones e individuos, si han de emerger de los estrechos canales de pensamiento y acción en que la mayoría de la gente ha vivido por tanto tiempo. El desarrollo de la ciencia y sus aplicaciones han hecho posible esto para nosotros y, no obstante, el exceso mismo de conocimientos nuevos ha aumentado su dificultad. La especialización ha conducido a un confinamiento de la vida individual en un surco determinado y la labor del hombre en la industria queda menudo reducida a una parte infinitesimal de la producción. La especialización en el conocimiento y en el trabajo habrá de continuar, pero parece más esencial que nunca fomentar una visión sintética de la vida humana y de la aventura del hombre a través de las edades. Esta visión habrá de considerar el pasado y el presente e incluir en su marco a todos los países y a todos los pueblos. De este modo, quizá podríamos desarrollar como adición a nuestras propias tradiciones y cultura, una capacidad de apreciar y comprender a los demás y de cooperar con las gentes de otros países. Así podríamos obtener también cierto éxito en la labor de crear personalidades integradas, en lugar de los desequilibrados individuos de hoy en día. Podríamos convertirnos —en palabras de Platón— en "espectadores de todos los tiempos y de todos los seres", sustentándonos con los ricos tesoros que ha acumulado la humanidad, incrementándolos y aplicándolos al trabajar con vistas al futuro.

Es un hecho curioso y significativo que, a despecho de todo el moderno progreso científico y de lo mucho que se habla de internacionalización, el racismo y otros factores disgregados son hoy igual de evidentes, como mínimo —si no más— que en cualquier época previa de la historia. Algo falta en todo este progreso que no logra crear armonía entre las naciones ni en el espíritu de los hombres. Quizá algo más de síntesis y un poco más de humildad hacia la sabiduría del pasado que, después de todo, es experiencia acumulada de la raza humana, nos ayudaría a alcanzar una nueva perspectiva y una armonía mayor. Esto es especialmente necesario para aquellos pueblos que viven una vida febril, enfocada sólo al presente y que casi ha olvidado ya el pasado. Pero para países como la India es preciso un énfasis de distinto orden, pues nosotros conservamos aún demasiado del pasado y hemos ignorado el presente. Hemos de librarnos del estrecho punto de vista religioso, de esa obsesión por la especulación sobrenatural y metafísica de esa relajación de la disciplina de la mente en el ceremonial religioso y el sentimentalismo rústico, que se interpone en el camino de nuestra comprensión del mundo y de nosotros mismos. Tenemos que enfrentarnos resueltamente con el presente, con esta vida, con este mundo, con esta naturaleza infinitamente variada que nos rodea. Algunos hindúes hablan de volver a los *Vedas*, algunos musulmanes suenan con la teocracia islámica. Son fantasías inútiles, porque no se puede volver al pasado; no podría haber vuelta atrás ni aunque se la considerase deseable. En el tiempo no hay más que una sola dirección de tráfico.

La India debe, por lo tanto, reducir su religiosidad y volverse hacia la ciencia.; Debe librarse del exclusivismo en el pensamiento y en los hábitos sociales, que se ha convertido para ella en una prisión, embotando su espíritu e impidiendo su desarrollo. La idea de la pureza ceremonial ha erigido barreras frente a los intercambios sociales y estrechado la esfera de acción social. La religión "de diario" del hindú ortodoxo se refiere más a lo que hay que comer y a lo que no hay que comer, con quién se puede comer y de quién hay que apartarse que a valores espirituales. Las reglas y regulaciones de la cocina dominan su vida social. El musulmán está, afortunadamente, libre de estas inhibiciones, pero tiene sus propios códigos y ceremoniales cerrados; una rutina que sigue rigurosamente, olvidando la lección de hermandad que su religión le enseñara. Su visión de la vida es tal vez más limitada y estéril que la del hindú, a pesar de que el hindú medio de hoy en día es un triste representante del antiguo, puesto que ha perdido la tradicional libertad de pensamiento y la experiencia que enriquecen la vida en muchos sentidos.

La casta es el símbolo y la encarnación de ese exclusivismo entre los hindúes. A veces se dice que la idea básica de casta podría subsistir, pero que sus dañinas derivaciones y ramificaciones deberían desaparecer; que no debería apoyarse en el nacimiento, sino en el mérito. Este enfoque es inadecuado y no hace sino confundir el asunto. En un contexto histórico, el estudio del desarrollo de las castas tiene cierto valor; pero resulta obvio que nosotros no podemos regresar al punto en que comenzó a existir el sistema de castas; no queda sitio para él en la organización de la sociedad actual. Si el mérito llega a ser el criterio único de selección y se da a todos igualdad de oportunidades, entonces el sistema de castas pierde todas sus actuales características y, de hecho, desaparece. El sistema de castas ha llevado en el pasado no sólo a la supresión de determinados grupos, sino a una separación entre enseñanza teórica y escolar y la artesanía y un divorcio de la filosofía y de la vida real y sus problemas. Era ésta una postura aristocrática basada en el tradicionalismo. Esto ha de cambiar completamente, pues está en total oposición con las condiciones modernas de vida y con el ideal democrático. La organización funcional de ciertos grupos de la India podrá quizá continuar, pero incluso eso habrá de sufrir una vasta transformación, ya que la naturaleza misma de la industria moderna obliga a crear nuevas funciones y pone fin a muchas de las antiguas. La tendencia existente hoy en todas partes es hacia una organización funcional de la sociedad, y el concepto de derechos abstractos está dando paso al de las funciones. Esto se halla en armonía con el ideal indio antiguo.

El espíritu de la época está a favor de la igualdad, aunque la práctica deniegue esto en casi todas partes, Nos hemos liberado de la esclavitud en el sentido más limitado de la palabra, el de que un hombre puede ser propiedad de otro. Pero una nueva esclavitud, en cierto modo peor que la vieja, ha ocupado su lugar en todo el mundo. En nombre de la libertad individual, los sistemas políticos y económicos explotan a los seres humanos y les tratan como si fueran artículos de consumo. Y también, aunque un individuo no pueda ser propiedad de otro, un país o una nación puede ser todavía propiedad de otra nación, de manera que se tolera así la esclavitud en masa. El racismo es también una característica distintiva de nuestros tiempos y tenemos no sólo naciones dominantes, sino también razas dominantes.

Y a pesar de todo, el espíritu de la época triunfará. En la India debemos aspirar a cualquier precio a la igualdad. Esto no significa ni quiere significar que todo el mundo sea igual, física, intelectual ni espiritualmente, ni que pueda ser hecho así. Pero sí significa que debe haber igualdad de oportunidades y que ninguna barrera política, económica o social debe interponerse en el camino de ningún individuo o grupo alguno. Representa fe en la humanidad y la creencia de que no hay raza o grupo que no pueda avanzar y a progresar a su propio modo, si se le da oportunidad de hacerlo. Representa la aceptación del hecho de que el atraso o la degradación de cualquier grupo no se deben a fallos inherentes al mismo, sino, principalmente, a la falta de oportunidades y a una larga obstrucción causada por otros grupos. Y debería representar la comprensión del mundo moderno, en donde el progreso y el adelanto verdaderos, sean nacionales o internacionales, han llegado a constituir una cuestión conjunta, en la que los grupos retrasados tiran de los otros hacia atrás. En consecuencia, no sólo debe darse a todos igualdad de oportunidades, sino que a los grupos retrasados deben dárseles especiales oportunidades para el desenvolvimiento económico, educativo y cultural, para que puedan ser capaces de oponerse a la altura de los grupos que les preceden. Cualquier intento por el estilo, destinado a abrir las puertas de las oportunidades a todas las gentes de la India, produciría un enorme descarga de energía y de habilidad y transformaría al país con una velocidad asombrosa.

Si el espíritu de la época pide igualdad, ha de pedir también necesariamente un sistema económico que encaje en ella y la mute. El actual sistema colonial que existe en la India es su mismísima antítesis. El absolutismo no sólo está basado en la desigualdad, sino que ha de perpetuarla en todas las esferas de la, vida. Suprime las energías creadoras y regeneradoras de una nación; embotella el talento y capacidad del hombre y desalienta su sentido de la responsabilidad. Los que han de sufrirlo pierden sus sentimientos de dignidad y de autosuficiencia. Los problemas de la India, con todo lo complicados que parecen, son debidos esencialmente a un intento de progresar, conservando la estructura política y económica más o menos intacta. El avance político queda sujeto a la preservación de esta estructura y de los intereses creados existentes. Ambos son incompatibles.

Tiene que producirse un cambio político; pero el cambio económico es igual de necesario. Tal cambio habrá de hacerse en dirección a un colectivismo planeado democráticamente. "La elección —dice R. H. Rawney— está, no entre la competición y el monopolio, sino entre un monopolio irresponsable y privado y un monopolio responsable y público". Los monopolios públicos están aumentando, incluso en los estados capitalistas y continuarán aumentando. El conflicto entre la idea que subyace en ellos y el monopolio privado subsistirá hasta que éste último sea suprimido. Un colectivismo democrático no significa la abolición de la propiedad privada, pero sí significará que las industrias básicas y más importantes serán propiedad pública. Equivaldrá al control cooperativo o colectivo de la tierra. En la India, en especial, será necesario tener, además de las grandes industrias, industrias pequeñas e industrias aldeanas controladas por cooperativas. Semejante sistema de colectivismo democrático precisará de una continua revisión de los planes y una adaptación a las cambiantes necesidades del pueblo. La meta debería ser la expansión de la capacidad productiva de la nación en todos los sentidos posibles, al mismo tiempo que aplicar toda su potencia a una u otra actividad, evitando el desempleo. En lo posible, debería haber libertad para que cada uno eligiese su propia ocupación. De todo esto no resultaría una paridad de los ingresos, pero habría una distribución mucho más justa y una tendencia progresiva a ella. En cualquier caso, las enormes diferencias que existen hoy en día desaparecerían completamente y las distinciones de clase, qué están basadas esencialmente en las diferencias de ingresos, empezarían a desvanecerse.

Un cambio así significaría el trastocamiento de la actual sociedad de consumo, basada principalmente en motivos de lucro. El afán de lucro continuaría existiendo en cierta manera, pero no sería el impulso dominante, ni tendría tampoco el mismo margen de acción que tiene hoy. Será absurdo decir que el dinero no ejerce atracción sobre el indio medio; pero es, no obstante, cierto, que no hay tanta admiración por él en la India como en Occidente. El poseedor de dinero puede ser envidiado, pero no es particularmente respetado o admirado. El respeto y la admiración todavía se sienten por el hombre (o la mujer) al que se considera bueno o sabio y, especialmente, por aquellos que se sacrifican o sacrifican cuanto poseen por el bien general. El punto de vista indio, incluso el de las masas, no ha aprobado nunca el espíritu adquisitivo.

El colectivismo implica empresas comunales y esfuerzo cooperativo. Esto está también en armonía con los antiguos conceptos sociales indios, que estaban todos basados en la idea del grupo. La decadencia del sistema de grupos y especialmente del sistema de autogobierno de las aldeas, durante la dominación británica, ha causado un profundo daño a las masas indias, aún mayor en el sentido psicológico que en el económico. Nada positivo vino a substituirlo y así, las gentes perdieron su espíritu de independencia, su sentido de la responsabilidad y su capacidad de cooperar con propósitos comunes. La aldea, que solía ser una unidad orgánica y vital fue transformándose progresivamente en un área desamparada, apenas una agrupación de chozas de barro y gente sucia. Pero la aldea se mantiene aún unida por un lazo invisible y reviven los viejos recuerdos. Debería ser posible aprovechar fácilmente esas tradiciones de siglos y organizar cooperativas campesinas y artesanales. La aldea no puede seguir siendo una unidad económica encerrada en sí misma (aunque pueda estar a menudo últimamente conectada con una granja colectiva o cooperativa); pero puede perfectamente ser una unidad gubernamental y electoral y cada una de estas unidades podría funcionar como una comunidad autónoma dentro del marco político más amplio y encargarse por sí misma de sus necesidades esenciales. Si se la trata hasta cierto punto como unidad electoral, eso simplificará considerablemente las elecciones provinciales y generales en la India, reduciendo el número de electores directos. El Consejo de Aldea, elegido por todos tes hombres y mujeres adultos del pueblo, podría formar ese electorado en las elecciones mayores. Las elecciones indirectas pueden tener ciertas desventajas, pero, teniendo en cuenta el trasfondo histórico de la India, estoy seguro de que la aldea sería considerada como una unidad. Esto daría como resultado una representación más auténtica y más responsable.

Además deísta representación territorial, debería haber también una representación directa de las colectividades y cooperativas del campo y de la industria. Así la organización democrática del Estado consistiría en representaciones tanto funcionales como territoriales, y estaría basada en una autonomía local. Una ordenación de este tipo estaría totalmente en armonía con el pasado de la India, así como con sus necesidades presentes. No habría sentimiento alguno de ruptura (excepto con respecto a las condiciones creadas por el gobierno británico) y las masas la aceptarían como una continuación del pasado que todavía recuerda y con el que está encariñado.

Esta clase de desarrollo en la India estaría a tono con el internacionalismo político y económico. No crearía conflictos con otras naciones y sería un factor poderoso para la paz en Asia y en el mundo. Ayudaría a la realización de ese mundo unificado hacia el que somos arrastrados inevitablemente, aunque nuestras pasiones nos engañan y nuestras mentes no llegan a entenderlo. El pueblo indio, liberado del terrible sentimiento de opresión y frustración, creerá de nuevo en su estatura y perderá su nacionalismo y exclusivismo estrechos. Orgullosas de su herencia abrirán su mente y su corazón las gentes de la India a otros pueblos y otras naciones y se convertirán en ciudadanos de este mundo ancho y fascinador, marchando hacia adelante con los demás en esa antigua búsqueda en la que sus antepasados fueron los pioneros.